My First
PUNJABI
DICTIONARY

ENGLISH-PUNJABI

Designed and edited by Maria Watson
Translated by Prakash Singh

Hippocrene Books, Inc.
New York

My First Punjabi Dictionary

English-Punjabi

Hippocrene Books, Inc. edition, 2022

For information, address:
HIPPOCRENE BOOKS, INC.
171 Madison Avenue
New York, NY 10016
www.hippocrenebooks.com

ISBN : 978-0-7818-1432-4

© Publishers

First edition, 2019

Published by arrangement with Biblio Bee Publications, an imprint of ibs Books (UK)
56, Langland Crescent, Stanmore HA7 1NG, U.K.

Printed at Everest Press, New Delhi-110 020 (India)

Aa

actor

ਅਦਾਕਾਰ adākār

actress

ਅਦਾਕਾਰਾ adākārā

adult

ਬਾਲਗ bālag

aeroplane
US English **airplane**

ਹਵਾਈ ਜਹਾਜ਼
havaī jahāz

air conditioner

ਏਅਰ ਕੰਡੀਸ਼ਨਰ
air conditioner

air hostess
US English **flight attendant**

ਹਵਾਈ ਪਰਿਚਾਰਿਕਾ
havaīparichārikā

airport

ਹਵਾਈ ਅੱਡਾ
havaī addā

album

ਐਲਬਮ albam

almond

ਬਦਾਮ badām

alphabet

ਵਰਣਮਾਲਾ varanmālā

ambulance

ਰੋਗੀ ਗਡੀ rogī gaddī

angel

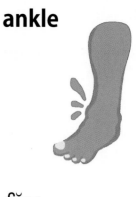

ਫ਼ਰਿਸ਼ਤਾ pharishtā

animal

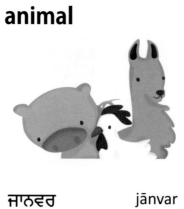

ਜਾਨਵਰ jānvar

ankle

ਗਿੱਟਾ gittā

ant

ਕੀੜੀ kīṛī

antelope

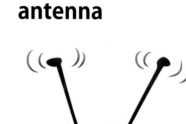

ਹਿਰਨ hiran

antenna

ਐਂਟੀਨਾ antīnā

apartment

ਫ਼ਲੈਟ flait

ape

ਬਾਂਦਰ bāndar

apple

ਸੇਬ seb

apricot

ਖੁਰਮਾਨੀ khurmānī

apron

ਉਪਰੀ ਪਹਿਨਾਵਾ
uprī pehnāvā

aquarium

ਮਛਲੀ ਘਰ
machhlī ghar

archery

ਤੀਰਅੰਦਾਜ਼ੀ
tīrandazī

architect

ਇਮਾਰਤਸਾਜ਼
imāratsāz

arm

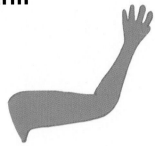

ਬਾਂਹ   bānh

armour
US English armor

ਕਵਚ   kawach

arrow

ਤੀਰ   tīr

artist

ਚਿੱਤਰਕਾਰ   chitarkār

asparagus

ਨਾਗਦਾਮਨ
nāgdaman

astronaut

ਪੁਲਾੜ ਯਾਤਰੀ
pulār yātrī

astronomer

ਖਗੋਲ ਵਿਗਿਆਨੀ
khagol vigānī

athlete

ਖਿਡਾਰੀ   khidārī

atlas

ਨਕਸ਼ਿਆਂ ਦੀ ਪੁਸਤਕ
nakshiyān dī pustak

aunt

ਚਾਚੀ/ਮਾਮੀ
chāchī/māmī

author

ਲੇਖਕ   lekhak

automobile

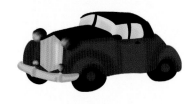

ਮੋਟਰ ਗੱਡੀ
motor gaddī

autumn

ਪੱਤਝੜ   patjhar

avalanche

ਬਰਫ਼ ਦੀ ਚੱਟਾਨ
barf dī chattān

award

ਪੁਰਸਕਾਰ   purskār

axe

ਕੁਹਾੜੀ   kuhārī

Bb

baby

ਬੱਚਾ   bachhā

back

ਪਿੱਠ   pitth

bacon

ਸੂਰ ਦਾ ਮਾਸ
sūr da mās

badge

ਬਿੱਲਾ   billā

badminton

ਚਿੜੀ–ਛਿੱਕਾ
chirī chhikā

bag

ਥੈਲਾ   thailā

baker

ਨਾਨਬਾਈ   nānbaī

balcony

ਛੱਜਾ   chhajjā

bald

ਗੰਜਾ   ganjā

ball

ਗੇਂਦ   gend

ballerina

ਨਰਤਕੀ   nartakī

balloon

ਗੁਬਾਰਾ   gubbārā

bamboo

ਬਾਂਸ   bāns

banana

ਕੇਲਾ   kelā

band

ਬੈਂਡ   baind

bandage

ਪੱਟੀ   pattī

barbeque

ਤੰਦੂਰੀ ਰਸੋਈ
tandūrī rasoī

d
e
f
g
h
i
j
k
l
m
n
o
p
q
r
s
t
u
v
w
x
y
z

barn

ਬਾੜਾ bārā

barrel

ਡਰੰਮ drum

baseball

ਬੇਸ ਬਾਲ base bāl

basket

ਟੋਕਰੀ tokrī

basketball

ਬਾਸਕੇਟ ਬਾਲ
basket bāl

bat

ਚਮਗਾਦੜ chamgādar

bath

ਇਸ਼ਨਾਨ ਟੱਬ ishnān tub

battery

ਬੈਟਰੀ battery

bay

ਖਾੜੀ khārī

beach

ਸਮੁੰਦਰ-ਤੱਟ
samunder tatt

beak

ਚੁੰਝ chunjh

bean

ਫਲੀ phalī

bear

ਭਾਲੂ   bhālū

beard

ਦਾੜੀ   dārhī

bed

ਮੰਜਾ   manjā

bee

ਮੱਖੀ   makkhī

beetle

ਭਮਵਰਾ   bhanwarā

beetroot

ਚਕੰਦਰ   chukandar

bell

ਘੰਟੀ   ghantī

belt

ਪੇਟੀ   petī

berry

ਰਸਭਰੀ   rasbharī

bicycle

ਸਾਈਕਲ   sāikal

billiards

ਬਿਲੀਅਰਡ   biliyard

bin

ਡੱਬਾ   dabbā

a b c d e f g h i j k l m n o p q r s t u v w x y z

d
e
f
g
h
i
j
k
l
m
n
o
p
q
r
s
t
u
v
w
x
y
z

bird

ਪੰਛੀ panchhī

biscuit

ਬਿਸਕੁਟ biskut

black

ਕਾਲਾ kālā

blackboard

ਬਲੈਕਬੋਰਡ
balaikborad

blanket

ਕੰਬਲ kambal

blizzard

ਬਰਫ਼ ਦਾ ਤੂਫ਼ਾਨ
baraf dā tūfan

blood

ਖੁਨ khūn

blue

ਨੀਲਾ nīlā

boat

ਕਿਸ਼ਤੀ kishtī

body

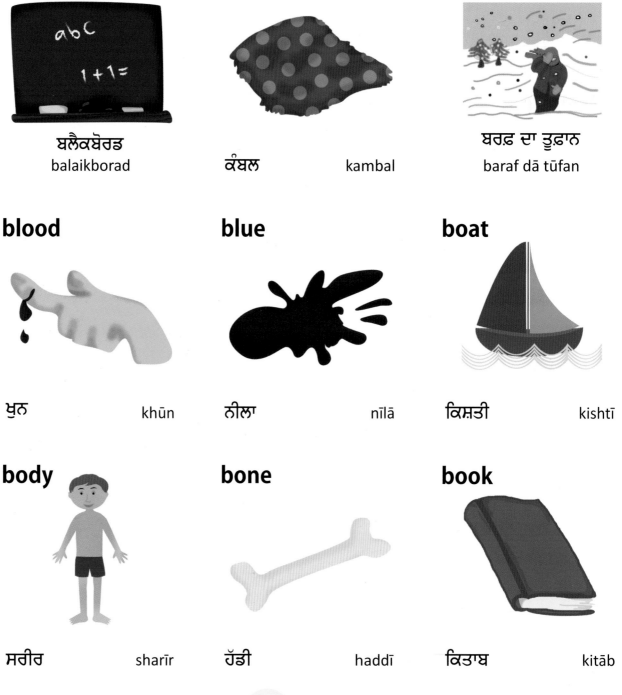

ਸਰੀਰ sharīr

bone

ਹੱਡੀ haddī

book

ਕਿਤਾਬ kitāb

boot

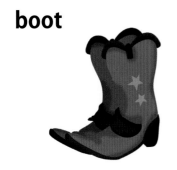

ਜੁਤਾ jūtā

bottle

ਬੋਤਲ botal

bow

ਨਿੱਕੀ ਟਾਈ nikkī tāī

bowl

ਪਿਆਲਾ pyālā

box

ਡੱਬਾ dabbā

boy

ਮੁੰਡਾ mundā

bracelet

ਕੰਗਨ kangan

brain

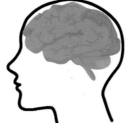

ਦਿਮਾਗ dimāg

branch

ਟਾਹਣੀ tāhnī

bread

ਰੋਟੀ rotī

breakfast

ਨਾਸ਼ਤਾ nāshtā

brick

ਇੱਟ itt

a b c d e f g h i j k l m n o p q r s t u v w x y z

bride

ਲਾੜੀ   lārī

bridegroom

ਲਾੜਾ   lārā

bridge

ਪੁਲ   pull

broom

ਝਾੜੂ   jhārū

brother

ਭਰਾ   bhrā

brown

ਭੂਰਾ   bhūrā

brush

ਬੁਰਸ਼   burush

bubble

ਬੁਲਬੁਲਾ   bulbulā

bucket

ਬਾਲਟੀ   baltī

buffalo

ਮੱਝ   majjh

building

ਇਮਾਰਤ   imārat

bulb

ਬਲਬ   bulb

bull

ਸਾਂਢ   sānd

bun

ਮਿੱਠੀ ਰੋਟੀ
mitthī rotī

bunch

ਗੁੱਛਾ   guchhā

bundle

ਗੱਠੜੀ   gatharī

bungalow

ਬੰਗਲਾ   bangalā

burger

ਬਰਗਰ   bargar

bus

ਬੱਸ   bas

bush

ਝਾੜੀ   jhārī

butcher

ਕਸਾਈ   kasāī

butter

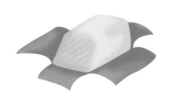

ਮੱਖਣ   makkhan

butterfly

ਤਿਤਲੀ   titlī

button

ਬਟਨ   battan

a b c d e f g h i j k l m n o p q r s t u v w x y z

Cc

cabbage

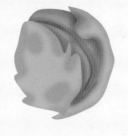

ਬੰਦ ਗੋਭੀ band-gobhī

cabinet

ਅਲਮਾਰੀ almārī

cable

ਤਾਰ tār

cable car

ਕੇਬਲ ਕਾਰ cable cār

cactus

ਥੋਹਰ thohar

cafe

ਕਾਫੀ-ਘਰ kāfīghar

cage

ਪਿੰਜਰਾ pinjrā

cake

ਕੇਕ cake

calculator

ਕੈਲਕੂਲੇਟਰ
kailkulator

calendar

ਕਲੰਡਰ kalender

calf

ਵੱਛਾ vachhā

camel

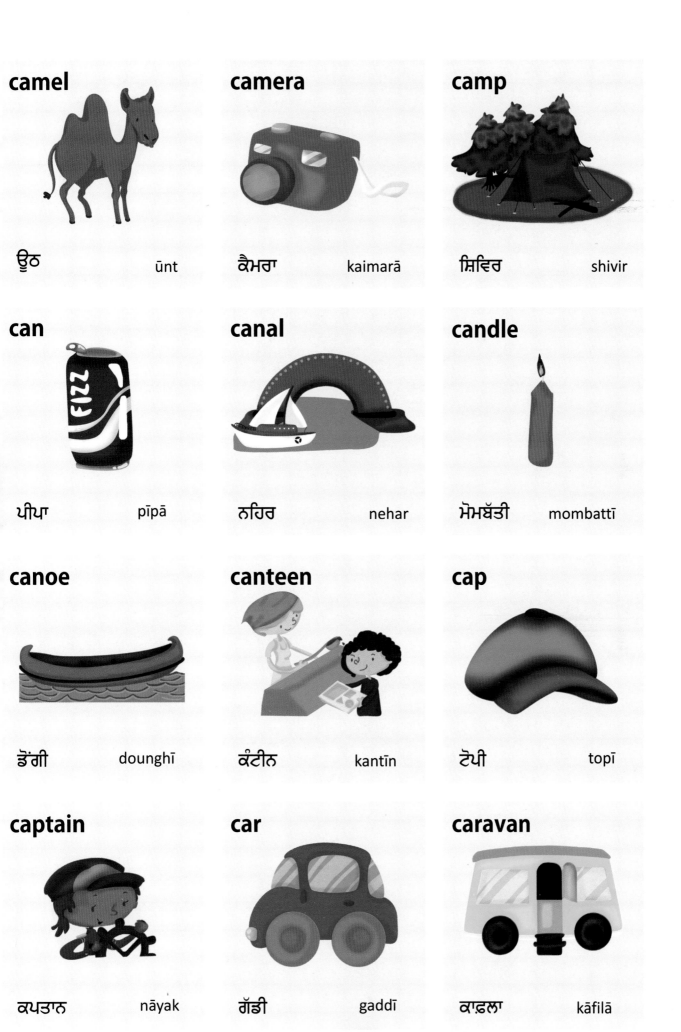

ਊਠ ūnt

camera

ਕੈਮਰਾ kaimarā

camp

ਸ਼ਿਵਿਰ shivir

can

ਪੀਪਾ pīpā

canal

ਨਹਿਰ nehar

candle

ਮੋਮਬੱਤੀ mombattī

canoe

ਡੋਂਗੀ dounghī

canteen

ਕੰਟੀਨ kantīn

cap

ਟੋਪੀ topī

captain

ਕਪਤਾਨ nāyak

car

ਗੱਡੀ gaddī

caravan

ਕਾਫ਼ਲਾ kāfilā

card

ਕਾਰਡ   kārad

carnival

ਆਨੰਦ-ਉਤਸਵ
ānand utsav

carpenter

ਤਰਖਾਣ   tarkhān

carpet

ਗਲੀਚਾ   galīchā

carrot

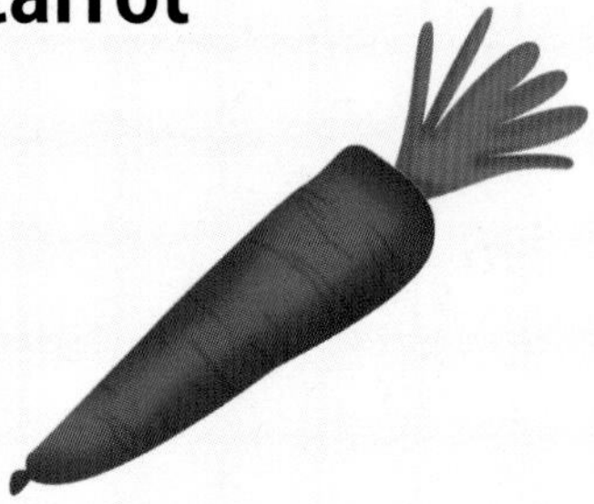

ਗਾਜਰ   gājar

cart

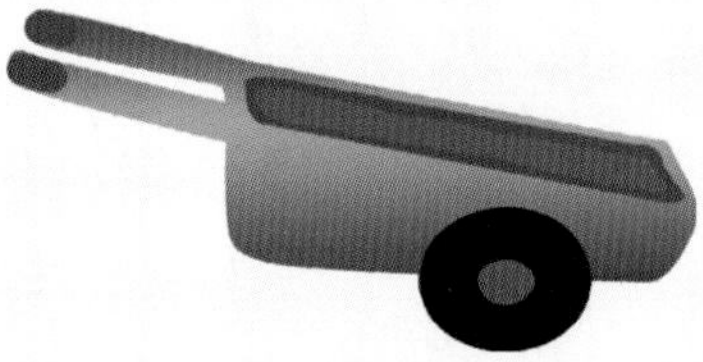

ਠੇਲ੍ਹਾ   thelā

cartoon

ਵਿਅੰਗ-ਚਿੱਤਰ
viangg chittar

cascade

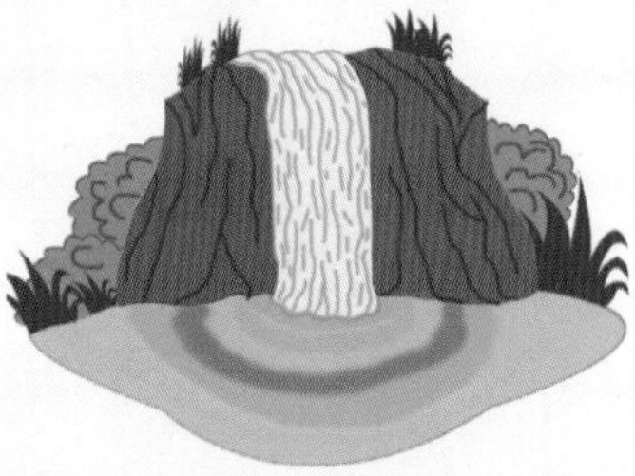

ਛੋਟਾ ਝਰਨਾ
chhotā jharnā

castle

ਕਿਲਾ   kilā

cat

ਬਿੱਲੀ   billī

caterpillar

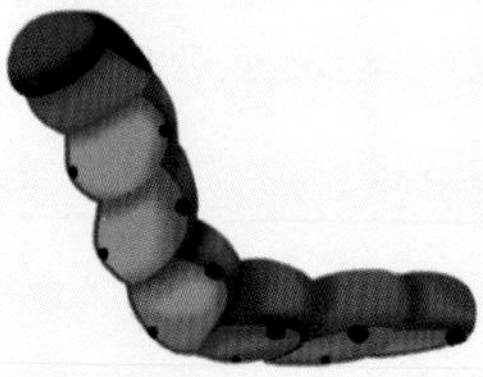

ਸੁੰਡੀ   sundī

cauliflower

ਫੁੱਲ ਗੋਭੀ   phull gobhī

cave

ਗੁਫਾ guphā

ceiling

ਛੱਤ chhatt

centipede

ਕੰਨਖਜੂਰਾ kankhajūrā

centre
US English **center**

ਕੇਂਦਰ kendar

cereal

ਅੰਨ ann

chain

ਜੰਜੀਰ janjīr

chair

ਕੁਰਸੀ kursī

chalk

ਚਾਕ chāk

cheek

ਗਲ੍ਹ gālh

cheese

ਪਨੀਰ panīr

chef

ਰਸੋਈਆ rasoiā

cherry

ਚੈਰੀ chairī

chess

ਸ਼ਤਰੰਜ shatranj

chest

ਛਾਤੀ chhātī

chick

ਚੂਜ਼ਾ chūzā

chilli
US English **chili**

ਮਿਰਚ mirch

chimney

ਚਿਮਨੀ chimnī

chin

ਠੋਡੀ thhodī

chocolate

ਚਾਕਲੇਟ chāklet

christmas

ਕ੍ਰਿਸਮਿਸ krismas

church

ਗਿਰਜਾਘਰ girjāghar

cinema

ਸਿਨੇਮਾ cinemā

circle

ਦਾਇਰਾ dayerā

circus

ਸਰਕਸ sarkas

city

ਸ਼ਹਿਰ   shehar

classroom

ਕਲਾਸ   kalās

clinic

ਦਵਾਖ਼ਾਨਾ
davākhānā

clock

ਘੜੀ   gharī

cloth
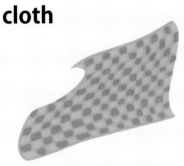
ਕੱਪੜਾ   kaprā

cloud

ਬੱਦਲ   bādal

clown

ਮਸਖ਼ਰਾ   maskhara

coal

ਕੋਲਾ   kolā

coast
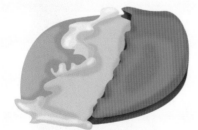
ਸਮੁੰਦਰ ਤੱਟ
samunder tatt

coat

ਕੋਟ   kot

cobra

ਨਾਗ   nāg

cockerel
US English **rooster**

ਮੁਰਗਾ   murgā

a b **c** d e f g h i j k l m n o p q r s t u v w x y z

a b c d e f g h i j k l m n o p q r s t u v w x y z

cockroach

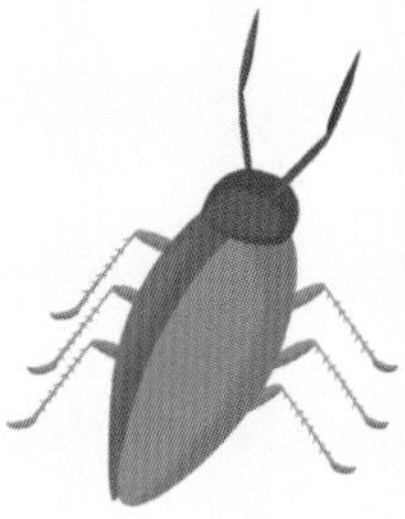

ਕਾਕਰੋਚ kaokroach

coconut

ਨਾਰੀਅਲ nāriyal

coffee

ਕਾਫੀ kāfī

coin

ਸਿੱਕਾ sikkā

colour
US English **color**

ਰੰਗ rang

comb

ਕੰਘਾ kanghā

comet

ਪੂਛਲ ਤਾਰਾ
pūchhal tārā

compass

ਦਿਸ਼ਾ ਸੂਚਕ ਯੰਤਰ
dishāsūchak yantra

computer

ਕੰਪਿਊਟਰ kamputar

cone

ਸ਼ੰਕੂ shankū

container

ਭਾਡਾ bhāndā

cook

ਰਸੋਈਆ rasoīyā

cookie	**cord**	**corn**
ਬਿਸਕੁਟ biskut	ਡੋਰੀ dorī	ਮੱਕੀ makkī
cot	**cottage**	**cotton**
ਮੰਜਾ manjā	ਕੁਟੀਆ kutiyā	ਕਪਾਹ kapāh
country	**couple**	**court**
ਦੇਸ਼ desh	ਜੋੜਾ jorā	ਅਦਾਲਤ adālat
cow	**crab**	**crane**
ਗਾਂ gān	ਕੇਕੜਾ kekrā	ਕਰੇਨ karen

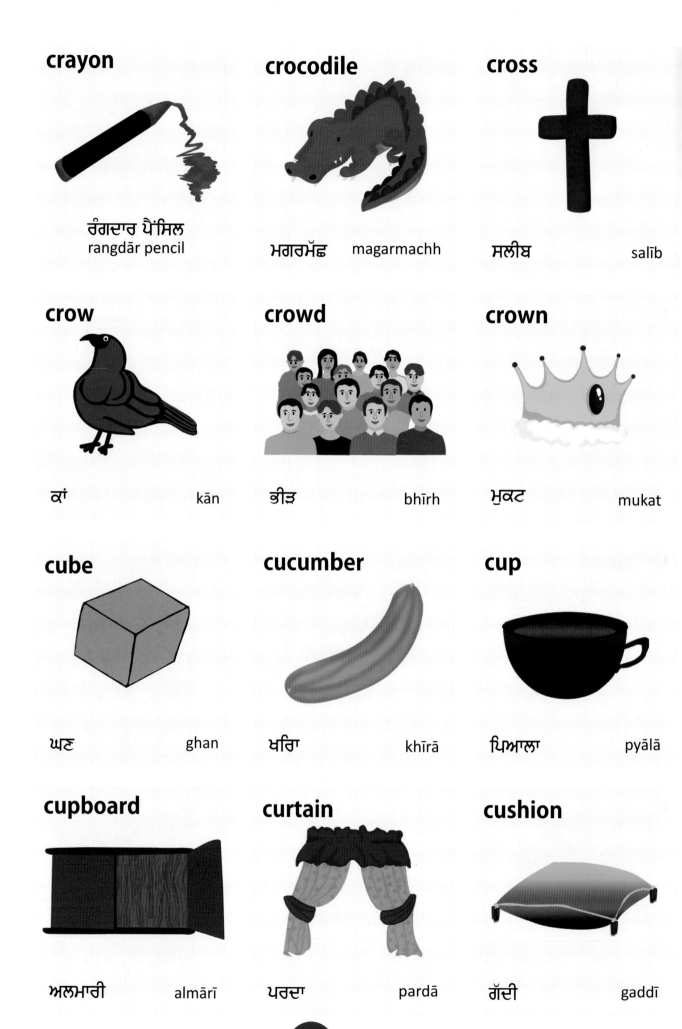

crayon

ਰੰਗਦਾਰ ਪੈਂਸਿਲ
rangdār pencil

crocodile

ਮਗਰਮੱਛ magarmachh

cross

ਸਲੀਬ salīb

crow

ਕਾਂ kān

crowd

ਭੀੜ bhīrh

crown

ਮੁਕਟ mukat

cube

ਘਣ ghan

cucumber

ਖਰਿਾ khīrā

cup

ਪਿਆਲਾ pyālā

cupboard

ਅਲਮਾਰੀ almārī

curtain

ਪਰਦਾ pardā

cushion

ਗੱਦੀ gaddī

Dd

dam

ਬੰਨ੍ਹ

bānh

dancer

ਨਰਤਕੀ

nartakī

dart

ਬਰਛੀ

barchhī

data

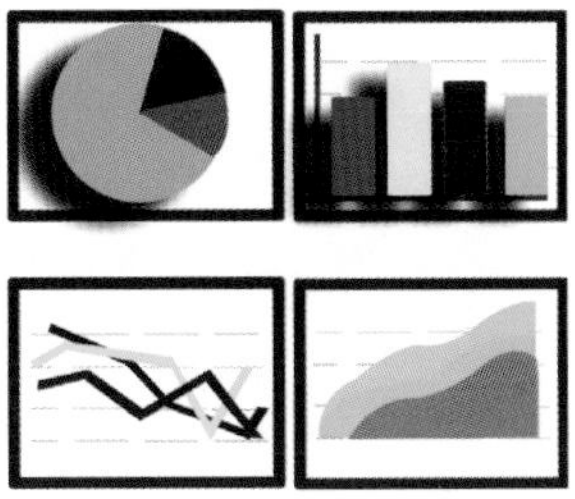

ਅੰਕੜੇ

ānkare

dates

ਖਜੂਰ

khajūr

daughter

ਧੀ

dhī

day

ਦਿਨ

din

deck

ਤਾਸ਼ ਦੀ ਗੱਡੀ
tāsh di gaddī

deer

ਹਿਰਨ

hiran

den

ਗੁਫਾ

guphā

dentist

ਦੰਦਾਂ ਦਾ ਡਾਕਟਰ
dandā da doctor

abcdefghijklmnopqrstuvwxyz

desert

ਰੇਗਿਸਤਾਨ registān

design

ਨਮੂਨਾ namūnā

desk

ਮੇਜ਼ mez

dessert

ਮਠਿਆਈ mathiaī

detective

ਗੁਪਤਚਰ guptachar

diamond

ਹੀਰਾ hīrā

diary

ਰੋਜ਼ਨਾਮਚਾ roznāmchā

dice

ਪਾਸਾ pāssā

dictionary

ਸ਼ਬਦਕੋਸ਼ shabdkosh

dinosaur

ਡਾਇਨਾਸੋਰ
dyānāshor

disc

ਚੱਕਰ chakkr

dish

ਥਾਲੀ thālī

diver

ਗੋਤਾਖੋਰ gotākhor

dock

ਬੰਦਰਗਾਹ bandargāh

doctor

ਡਾਕਟਰ dāktar

dog

ਕੁੱਤਾ kuttā

doll

ਗੁੱਡੀ guddī

dolphin

ਡਾਲਫ਼ਿਨ dālphin

dome

ਗੁੰਬਦ gumbad

domino

ਪਾਸਾ pāssā

donkey

ਗਧਾ gadhā

donut

ਮਿੱਠਾ ਕੇਕ mithā kek

door

ਦਰਵਾਜ਼ਾ darvāzā

dough

ਗੁੰਨਿਆ ਹੋਇਆ ਆਟਾ
guniā hoeā ātā

dragon

ਅਜਗਰ   ajgar

drain

ਨਾਲੀ   nālī

drawer

ਦਰਾਜ   darāj

drawing

ਚਿਤਰਕਲਾ   chitarkalā

dream

ਸੁਪਨਾ   supnā

dress

ਪੋਸ਼ਾਕ   poshāk

drink

ਪੀਣਾ   peena

driver

ਚਾਲਕ   chālak

drop

ਬੂੰਦ   būnd

drought

ਸੋਕਾ   sokā

drum

ਢੋਲ   dhol

duck

ਬੱਤਖ   batakh

dustbin
US English **trash can**

ਕੂੜੇਦਾਨ kūredān

duvet

ਰਜ਼ਾਈ razāī

dwarf

ਬੌਣਾ baunā

Ee

eagle

ਉਕਾਬ ukāb

ear

ਕੰਨ kann

earring

ਕੰਨ ਦੀ ਬਾਲੀ
kann di bāli

earth

ਧਰਤੀ dhartī

earthquake

ਭੁਚਾਲ bhūchāl

earthworm

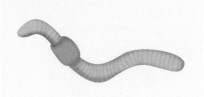

ਗੰਡੋਆ gandoā

eclipse

ਗ੍ਰਹਿਣ grehan

edge

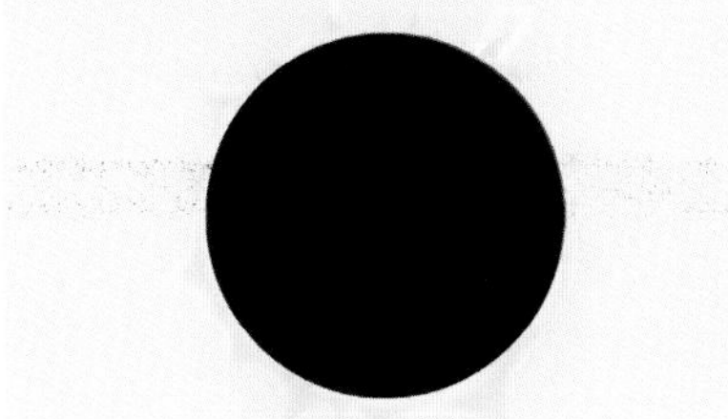

ਕਿਨਾਰਾ kinārā

a b c d e f g h i j k l m n o p q r s t u v w x y z

eel

ਬਾਮ ਮੱਛੀ
bām machhī

egg

ਅੰਡਾ andā

eight

8

ਅੱਠ atth

elastic

ਲਚਕੀਲਾ ਫਿਤਾ
lachkīlā fīta

elbow

ਕੂਹਣੀ kuhanī

electrician

ਬਿਜਲੀ ਮਿਸਤਰੀ
bijlī mistry

electricity

ਬਿਜਲੀ bijlī

elephant

ਹਾਥੀ hāthī

elevator

ਲਿਫ਼ਟ lift

elf

ਜਾਦੂਈ ਬੌਣਾ
jādui baunā

email

ਈਮੇਲ email

embroidery

ਕਸ਼ੀਦਾਕਾਰੀ
kashīdākārī

engine

ਇੰਜਨ   injan

entrance

ਪਰਵੇਸ਼   parvesh

envelope

ਲਿਫਾਫਾ   lifāfā

equator

ਭੂ–ਮੱਧ ਰੇਖਾ
bhu-madh rekhā

equipment

ਸਾਜ਼ ਸਮਾਨ
sāz samān

eraser

ਰਬੜ   rabar

escalator

ਬਿਜਲੀ ਦੀ
bijlī dī paurī

eskimo

ਐਸਕੀਮੋ   eskimo

evening

ਸ਼ਾਮ   shām

exhibition

ਪ੍ਰਦਰਸ਼ਨੀ   pardarshnī

eye

ਅੱਖ   akkh

eyebrow

ਭਰਵੱਟਾ   bharvattā

Ff

fabric

ਕੱਪੜਾ   kaprā

face

ਚਿਹਰਾ   chehrā

factory

ਕਾਰਖ਼ਾਨਾ   kārkhānā

fairy

ਪਰੀ   parī

family

ਪਰਿਵਾਰ   parivār

fan

ਪੱਖਾ   pakkhā

farm

ਖੇਤ   khet

farmer

ਕਿਸਾਨ   kisān

fat

ਮੋਟਾ   motā

father

ਪਿਉ   peo

feather

ਖੰਭ   khamb

female

ਨਾਰੀ nārī

fence

ਵਾੜ vār

ferry

ਕਿਸ਼ਤੀ kishtī

field

ਮੈਦਾਨ maidān

fig

ਅੰਜੀਰ anjīr

file

ਫਾਈਲ phail

film

ਫਿਲਮ philam

finger

ਉਂਗਲੀ unglī

fire

ਅੱਗ agg

fire engine

ਅੱਗ ਬੁਝਾਉਣ ਵਾਲੀ ਗੱਡੀ
agg bujhaun wāli gaddī

fire fighter

ਅੱਗ ਬੁਝਾਉਣ ਵਾਲਾ ਬੰਦਾ
agg bujhaun wālā bandā

fireworks

ਆਤਿਸ਼ਬਾਜ਼ੀ
ātashbāzī

a b c d e **f** g h i j J k l m n o p q r s t u v w x y z

fish

ਮੱਛੀ machhī

fist

ਮੁੱਕਾ mukkā

five

ਪੰਜ panj

flag

ਝੰਡਾ jhandā

flame

ਲੋਅ lau

flamingo

ਰਾਜਹੰਸ rāj-hans

flask

ਥਰਮਸ tharmas

flock

ਇੱਜੜ ijjad

flood

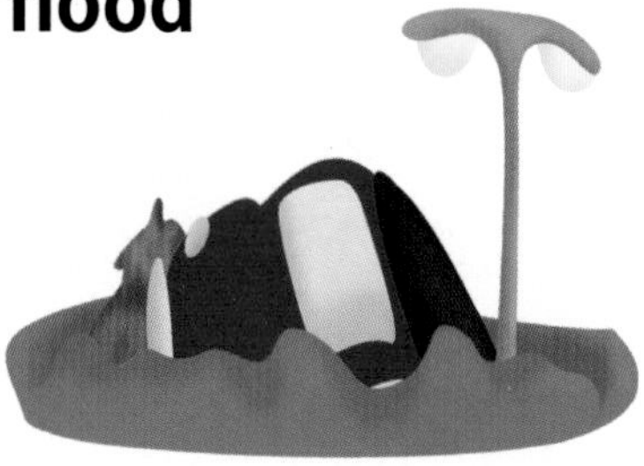

ਹੜ੍ harr

floor

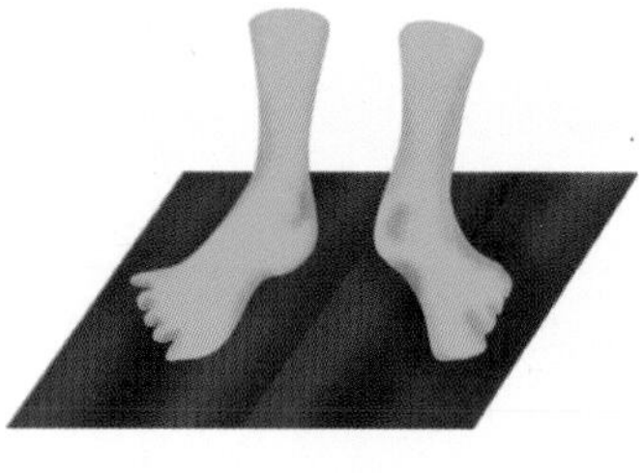

ਫਰਸ਼ farsh

florist

ਫੁੱਲ ਵਿਕ੍ਰੇਤਾ phull vikretā

flour

ਆਟਾ āttā

32

flower

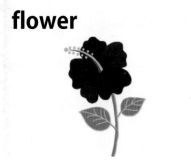

ਫੁੱਲ phull

flute

ਬਾਂਸਰੀ bānsrī

fly

ਮੱਖੀ makkhī

foam

ਝੱਗ jhagg

fog

ਧੁੰਦ dhundh

foil

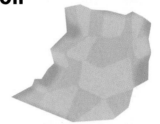

ਪੱਤਰ pattar

food

ਭੋਜਨ bhojan

foot

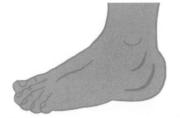

ਪੈਰ pair

football

ਫੁੱਟਬਾਲ football

forearm

ਬਾਜ਼ੂ bāzu

forehead

ਮੱਥਾ matthā

forest

ਜੰਗਲ jangal

a b c d e f g h i j k l m n o p q r s t u v w x y z

d
e
f
g
h
i
j
k
l
m
n
o
p
q
r
s
t
u
v
w
x
y
z

fork

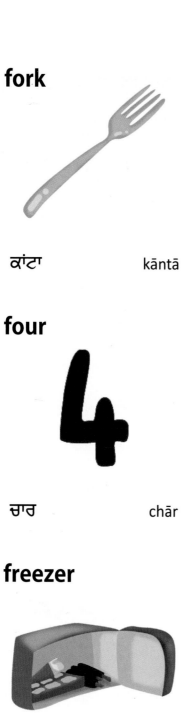

ਕਾਂਟਾ kāntā

fortress

ਕਿਲ੍ਹਾ kilā

fountain

ਫੁਹਾਰਾ fuharā

four

ਚਾਰ chār

fox

ਲੂੰਬੜੀ lumbari

frame

ਢਾਚਾ dhānchā

freezer

ਫਰੀਜ਼ਰ frīzar

fridge
US English **refrigerator**

ਫਰਿਜ frij

friend

ਮਿੱਤਰ mittar

frog

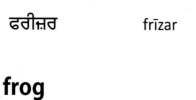

ਡੱਡੂ daddū

fruit

ਫਲ phal

fumes

ਧੂੰਆ dhuān

funnel

ਕੁਪੀ kuppī

furnace

ਭੱਠੀ bhatthī

furniture

ਫਰਨੀਚਰ
pharnīchar

Gg

gadget

ਗੈਜਟ gaiget

gallery

ਫੋਟੋ ਗੈਲਰੀ
photo gallerī

game

ਖੇਡ khed

gap

ਫਾਸਲਾ phāslā

garage

ਗਰਾਜ garāj

garbage

ਕੂੜਾ kūrā

garden

ਬਾਗ bāg

garland

ਹਾਰ hār

a b c d e f g h i j k l m n o p q r s t u v w x y z

a b c d e f g h i j k l m n o p q r s t u v w x y z

garlic

ਲੱਸਣ lassan

gas

ਗੈਸ gais

gate

ਫਾਟਕ phātak

gem

ਰਤਨ rattan

generator

ਜਰਨੇਟਰ janrator

germ

ਕੀਟਾਣੂ kitānū

geyser

ਗਰਮ ਪਾਣੀ ਦਾ ਚਸ਼ਮਾ
garam pāni da chasmā

ghost

ਭੂਤ bhūt

giant

ਦਾਨਟ dānav

gift

ਤੋਹਫਾ tohfā

ginger

ਅਦਰਕ adrak

giraffe

ਜਿਰਾਫ਼ jirāf

girl

ਕੁੜੀ kurī

glacier

ਬਰਫ਼ ਦੀ ਚੱਟਾਨ
barf di chattān

glass

ਕੱਚ kacch

glider

ਇੰਜਨ ਰਹਿਤ ਜਹਾਜ਼
injan rehat jahāz

globe

ਨਕਸ਼ੇ ਦਾ ਗੋਲਾ
naqshe da golā

glove

ਦਸਤਾਨਾ dastānā

glue

ਗੋਂਦ gond

goal

ਨਿਸ਼ਾਨਾ nishānā

goat

ਬੱਕਰੀ bakrī

gold

ਸੋਨਾ sonā

golf

ਗੋਲਫ ਦੀ ਖੇਡ
golf di khed

goose

ਹੰਸ hans

a b c d e f g h i j k l m n o p q r s t u v w x y z

gorilla

ਜੰਗਲੀ ਮਨੁੱਖ
janglī mānukh

grain

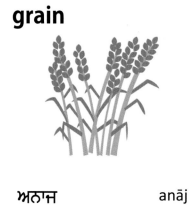

ਅਨਾਜ anāj

grandfather

ਦਾਦਾ/ਨਾਨਾ
dādā/nānā

grandmother

ਦਾਦੀ/ਨਾਨੀ
dādī /nānī

grape

ਅੰਗੂਰ angūr

grapefruit

ਨਾਰੰਗੀ nārangī

grass

ਘਾਹ ghāh

grasshopper

ਟਿੱਡਾ tiddā

gravel

ਬਜਰੀ ਗ਼ਡੀ bajrī gaddi

green

ਹਰਾ harā

grey

ਸਲੇਟੀ saletī

grill

ਭੁੰਨਣ ਦੀ ਜਾਲੀ
bhunan di jālī

grocery

ਕਰਿਆਨਾ   kiriānā

ground

ਜ਼ਮੀਨ   zamīn

guard

ਪਹਿਰੇਦਾਰ   pehredār

guava

ਅਮਰੂਦ   amrūd

guide

ਪੱਥ ਪ੍ਰਦਰਸ਼ਕ
path pardarshak

guitar

ਗਿਟਾਰ   gitār

gulf

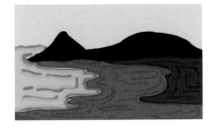

ਖਾੜੀ   khārī

gun

ਬੰਦੂਕ   bandūk

gypsy

ਖਾਨਾਬਦੋਸ਼
khānābadosh

Hh

hair

ਵਾਲ   vāl

hairbrush

ਵਾਲਾਂ ਦਾ ਬੁਰਸ਼
vālān da bursh

hairdresser

ਨਾਈ nāī

half

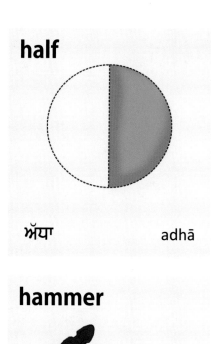

ਅੱਧਾ adhā

hall

ਵੱਡਾ ਕਮਰਾ
vaddā kamrā

ham

ਸੂਰ ਦਾ ਮਾਸ
sūr da mās

hammer

ਹਥੌੜੀ hathaurī

hammock

ਪੀਂਘ pīngh

hand

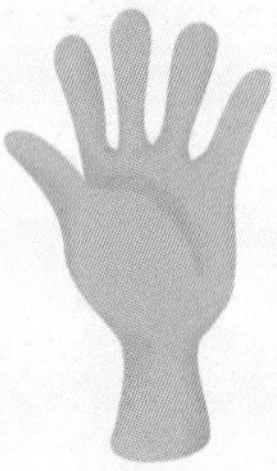

ਹੱਥ hatth

handbag

ਥੈਲਾ thailā

handicraft

ਦਸਤਕਾਰੀ dastkārī

handkerchief

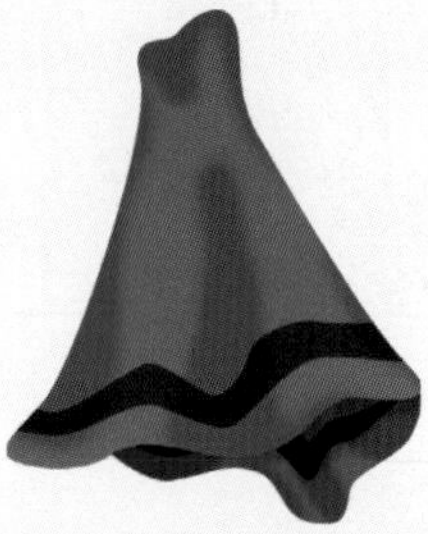

ਰੁਮਾਲ rumāl

handle

ਹੱਥਾ hatthā

hanger

ਕਿੱਲੀ killī

harbour
US English **harbor**

ਬੰਦਰਗਾਹ
bandargāh

hare

ਖਰਗੋਸ਼   khargosh

harvest

ਫਸਲ   phasal

hat

ਟੋਪ   tope

hawk

ਬਾਜ਼   bāz

hay

ਸੁੱਕਾ ਘਾਹ   sukkā ghā

head

ਸਿਰ   sir

headphone

ਹੈਡਫੋਨ   headphone

heap

ਢੇਰ   dher

heart

ਦਿਲ   dil

heater

ਗਰਮ ਪੱਖਾ
garam pakhā

hedge

ਵਾੜ   wār

heel
ਅੱਡੀ addī

helicopter
ਹੈਲੀਕੌਪਟਰ
helicopter

helmet
ਲੋਹੇ ਦੀ ਟੋਪੀ
lohe di topī

hen
ਮੁਰਗੀ murgī

herb
ਜੜੀ ਬੂਟੀ jarī buttī

herd

ਇੱਜੜ ijjar

hermit
ਸਾਧੂ sādhū

hill
ਪਹਾੜੀ pahāri

hippopotamus
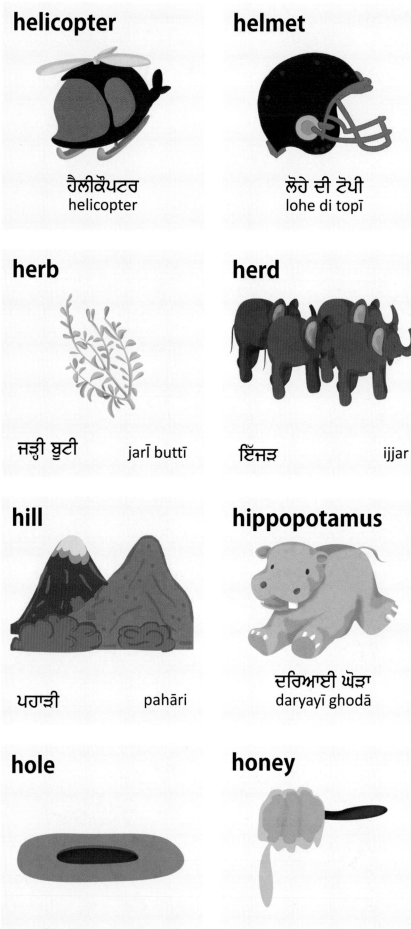
ਦਰਿਆਈ ਘੋੜਾ
daryayī ghodā

hive

ਛੱਤਾ chhattā

hole
ਸੁਰਾਖ surākh

honey
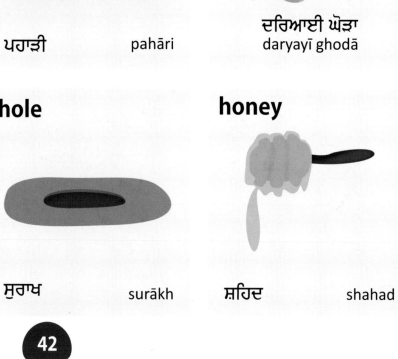
ਸ਼ਹਿਦ shahad

hood

ਕਨਟੋਪ kantop

hook

ਕਾਂਟਾ kāntā

horn

ਸਿੰਗ singh

horse

ਘੋੜਾ ghorā

hose

ਰਬੜ ਦਾ ਪਾਇਪ
rabarh da paip

hospital

ਹਸਪਤਾਲ
haspatāl

hotdog

ਗਰਮ ਕਬਾਬ
garam kabāb

hotel

ਹੋਟਲ hotal

hour

ਘਮਟਾ ghantā

house

ਮਕਾਨ makān

human

ਇਨਸਾਨ insān

hunter

ਸ਼ਿਕਾਰੀ shikārī

hurricane

ਚੱਕਰਵਾਤ
chakkarvāt

husband

ਪਤੀ patī

hut

ਝੌਂਪੜੀ jhonparī

Ii

ice

ਬਰਫ਼ barf

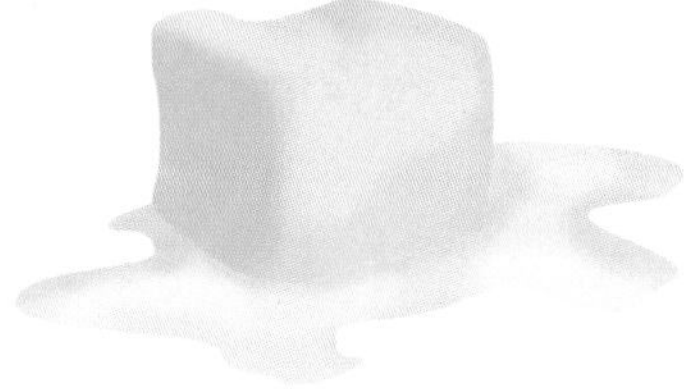

iceberg

ਹਿਮਖੰਡ himkhand

ice cream

ਆਈਸ-ਕ੍ਰੀਮ
āis krīm

idol

ਮੂਰਤੀ mūrtī

igloo

ਬਰਫ਼ ਘਰ baraf ghar

inch

ਇੰਚ inch

injection

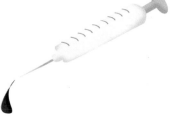

ਟੀਕਾ tīkā

injury

ਚੋਟ chot

ink
ਸਿਆਹੀ shiyāhī

inn
ਸਰਾਏ sarāi

insect
ਕੀੜਾ kīrā

inspector
ਜਾਂਚ-ਕਰਤਾ
jānch kartā

instrument
ਯੰਤਰ yantra

internet
ਇੰਟਰਨੈੱਟ internet

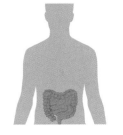

intestine
ਆਂਦਰ aandar

inventor
ਖੋਜੀ khojī

invitation
ਨਿਮੰਤ੍ਰਣ nimantaran

iron
ਕੱਪੜੇ ਪ੍ਰੈਸ ਕਰਨ ਵਾਲੀ ਇਸਤ੍ਰੀ
kapre press karan vālī istrī

island
ਟਾਪੂ tāpū

ivory
ਹਾਥੀਦੰਦ hāthi-dand

a b c d e f g h i j k l m n o p q r s t u v w x y z

a b c d e f g h i J k l m n o p q r s t u v w x y z

Jj

jackal

ਗਿੱਦੜ giddarh

jacket

ਜੈਕਟ jaikat

jackfruit

ਕਠਲ kathal

jam

ਮੁਰੱਬਾ murabbā

jar

ਮਰਤਬਾਨ martbān

javelin

ਭਾਲਾ bhāla

jaw

ਜਬੜਾ jabārā

jeans

ਜੀਨ ਦੀ ਪੈਂਟ
jīn di pant

jelly

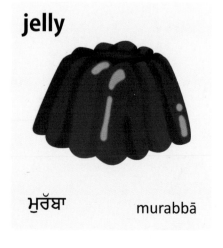

ਮੁਰੱਬਾ murabbā

jetty

ਘਾਟ ghāt

jewellery
US English **jewelry**

ਗਹਿਣੇ gehne

jigsaw

ਪਹੇਲੀ   pahelī

jockey

ਘੋੜ ਸਵਾਰ   ghor sawār

joker

ਜੋਕਰ   jokar

journey

ਯਾਤਰਾ   yātrā

jug

ਜੱਗ   jag

juggler

ਮਦਾਰੀ   madārī

juice

ਰਸ   ras

jungle

ਜੰਗਲ   jangal

jute

ਪਟਸਨ   patsan

Kk

kangaroo

ਕੰਗਾਰੂ   kangārū

kennel

ਕੁੱਤਾ ਘਰ
kutta ghar

a b c d e f g h i **J** **K** l m n o p q r s t u v w x y z

kerb
US English **curb**

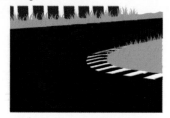

ਪਟੜੀ ਦਾ ਕਿਨਾਰਾ
patrī da kināra

kerosene

ਮਿੱਟੀ ਦਾ ਤੇਲ
mittī da tel

ketchup

ਟਮਾਟਰ ਚਟਨੀ
tamatar chatanī

kettle

ਕੇਤਲੀ ketlī

key

ਚਾਬੀ chābī

keyboard

ਕੰਪੂਟਰ ਕੀਬੋਰਡ
computer keyboard

key ring

ਚਾਬੀ ਦਾ ਛੱਲਾ
chābī da chhallā

kidney

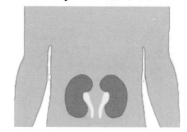

ਗੁਰਦਾ gurdā

kilogram

ਕਿਲੋਗ੍ਰਾਮ kilogram

king

ਰਾਜਾ rājā

kiosk

ਖੋਖਾ khokhā

kiss

ਚੁੰਮਣ chumman

kitchen

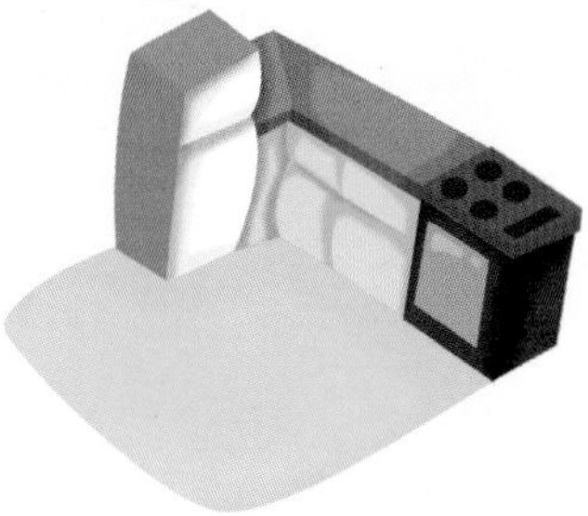

ਰਸੋਈ rasoī

kite

ਪਤੰਗ patang

kitten

ਬਲੂੰਗੜਾ balungrā

kiwi

ਕੀਵੀ (ਫਲ)
kīvī (fruit)

knee

ਗੋਡਾ goddā

knife

ਚਾਕੂ chākū

knight

ਸੂਰਮਾ sūrmā

knitwear

ਸਵੈਟਰ sawaetar

knob

ਲਾਟੂ (ਦਰਵਾਜ਼ੇ ਦਾ)
lātu (darwāze da)

knock

ਦਸਤਕ dastak

knot

ਗੰਢ gandh

knuckle

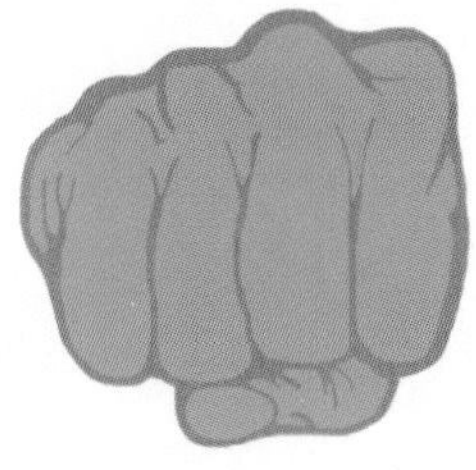

ਮੁੱਕਾ mukkā

Ll

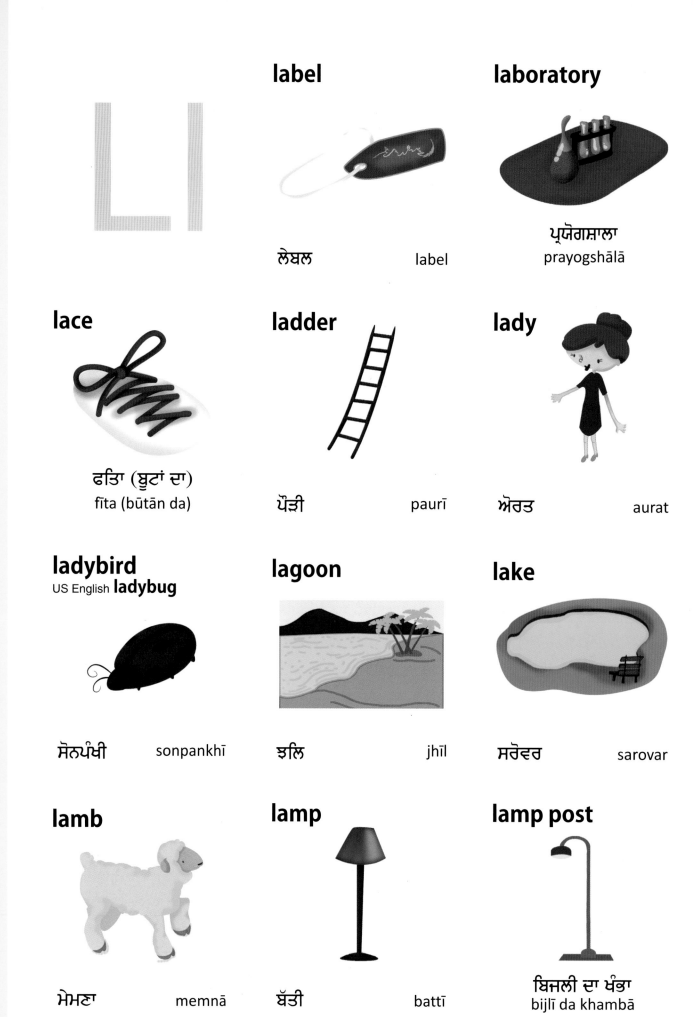

label
ਲੇਬਲ label

laboratory
ਪ੍ਰਯੋਗਸ਼ਾਲਾ
prayogshālā

lace
ਫ਼ਿਤਾ (ਬੂਟਾਂ ਦਾ)
fīta (būtān da)

ladder
ਪੌੜੀ pauṛī

lady
ਔਰਤ aurat

ladybird
US English **ladybug**

ਸੋਨਪੰਖੀ sonpankhī

lagoon
ਝਲਿ jhīl

lake
ਸਰੋਵਰ sarovar

lamb
ਮੇਮਣਾ memnā

lamp
ਬੱਤੀ battī

lamp post
ਬਿਜਲੀ ਦਾ ਖੰਭਾ
bijlī da khambā

land

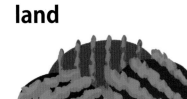

ਜ਼ਮੀਨ zamīn

lane

ਗਲੀ galī

lantern

ਲਾਲਟੈਣ lāltain

laser

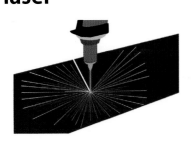

ਲੇਜ਼ਰ laizer

lasso

ਕਮੰਦ kamand

latch

ਚਿਟਕਣੀ chitkanī

laundry

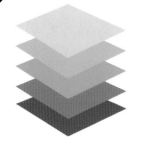

ਧੋਣ ਵਾਲੇ ਕੱਪੜੇ
dhon wāle kapre

lawn

ਘਾਹ ਦਾ ਮੈਦਾਨ
ghāh da maidān

lawyer

ਵਕੀਲ vakīl

layer

ਪਰਤ parat

leaf

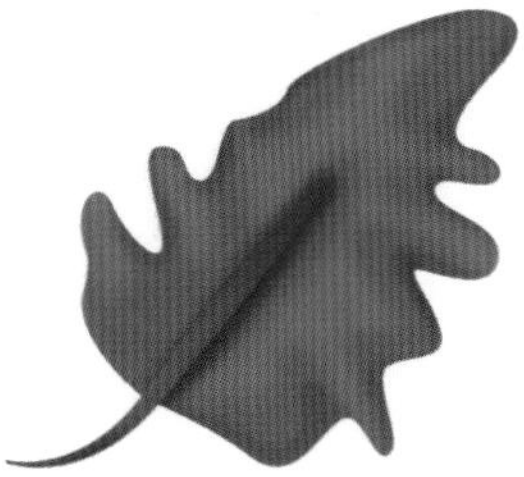

ਪੱਤਾ pattā

leather

ਚਮੜਾ chamrhā

a b c d e f g h i j k l m n o p q r s t u v w x y z

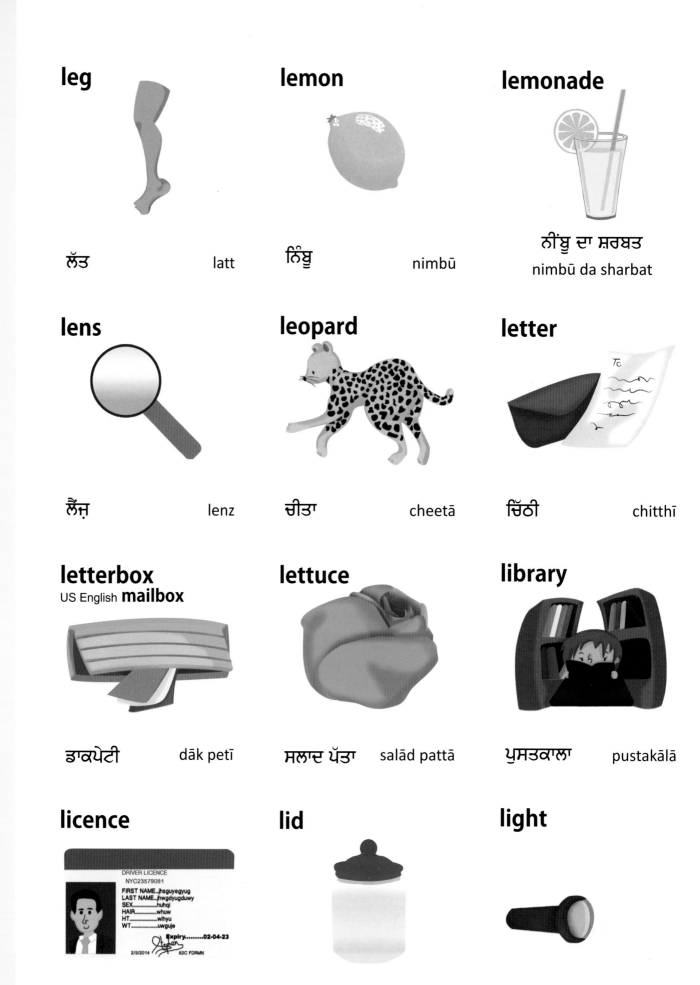

leg

ਲੱਤ   latt

lemon

ਨਿੰਬੂ   nimbū

lemonade

ਨੀਂਬੂ ਦਾ ਸ਼ਰਬਤ
nimbū da sharbat

lens

ਲੈਂਜ਼   lenz

leopard

ਚੀਤਾ   cheetā

letter

ਚਿੱਠੀ   chitthī

letterbox
US English **mailbox**

ਡਾਕਪੇਟੀ   dāk petī

lettuce

ਸਲਾਦ ਪੱਤਾ   salād pattā

library

ਪੁਸਤਕਾਲਾ   pustakālā

licence

ਲਾਇਸੈਂਸ   laisens

lid

ਢੱਕਣ   dhakkan

light

ਰੋਸ਼ਨੀ   roshnī

lighthouse

ਰੋਸ਼ਨ-ਮੁਨਾਰਾ
roshan munārā

limb

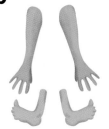

ਅੰਗ   ang

line

ਲਕੀਰ   lakīr

lion

ਸ਼ੇਰ   sher

lip

ਬੁੱਲ੍ਹ   bulh

lipstick

ਬੁੱਲ੍ਹਾਂ ਦੀ ਸੁਰਖ਼ੀ
bullhan dī surkhī

liquid

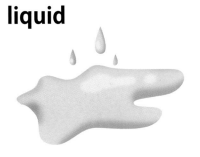

ਤਰਲ   tarl

list

ਸੂਚੀ   sūchī

litre
US English **liter**

ਲਿਟਰ   litar

living room

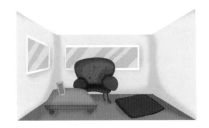

ਬੈਠਕ   baithak

lizard

ਕਿਰਲੀ   kirlī

load

ਭਾਰ   bhār

a
b
c
d
e
f
g
h
i
j
k
l
m
n
o
p
q
r
s
t
u
v
w
x
y
z

loaf

ਡਬਲਰੋਟੀ   dabalrotī

lobster

ਝੀਂਗਾ ਮੱਛੀ
jhīngā macchī

lock

ਤਾਲਾ   tālā

loft

ਅਟਾਰੀ   atārī

log

ਲੱਕੜ   lakkar

loop

ਘੁੰਡੀ   ghudī

lorry
US English **truck**

ਟਰੱਕ   truck

lotus

ਕਮਲ   kamal

louse

ਜੂੰ   jūn

luggage

ਸਮਾਨ   samān

lunch

ਦੁਪਹਿਰ ਦਾ ਖਾਣਾ
dopahar da khānā

lung
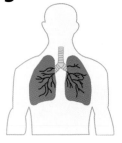
ਫੇਫੜਾ   fefrā

Mm

machine

ਮਸ਼ੀਨ   mashīn

magazine

ਰਸਾਲਾ   rasālā

magician

ਜਾਦੂਗਰ   jādūgar

magnet

ਚੁੰਬਕ   chumbak

magpie

ਮੁਟਰੀ (ਚਿੜੀ)
mutrī (chirī)

mail

ਡਾਕ   dāk

mammal

ਥਣਧਾਰੀ   thandhārī

man

ਆਦਮੀ   ādmī

mandolin

ਸਾਰੰਗੀ   sārangī

mango

ਅੰਬ   ambb

map

ਨਕਸ਼ਾ   nakshā

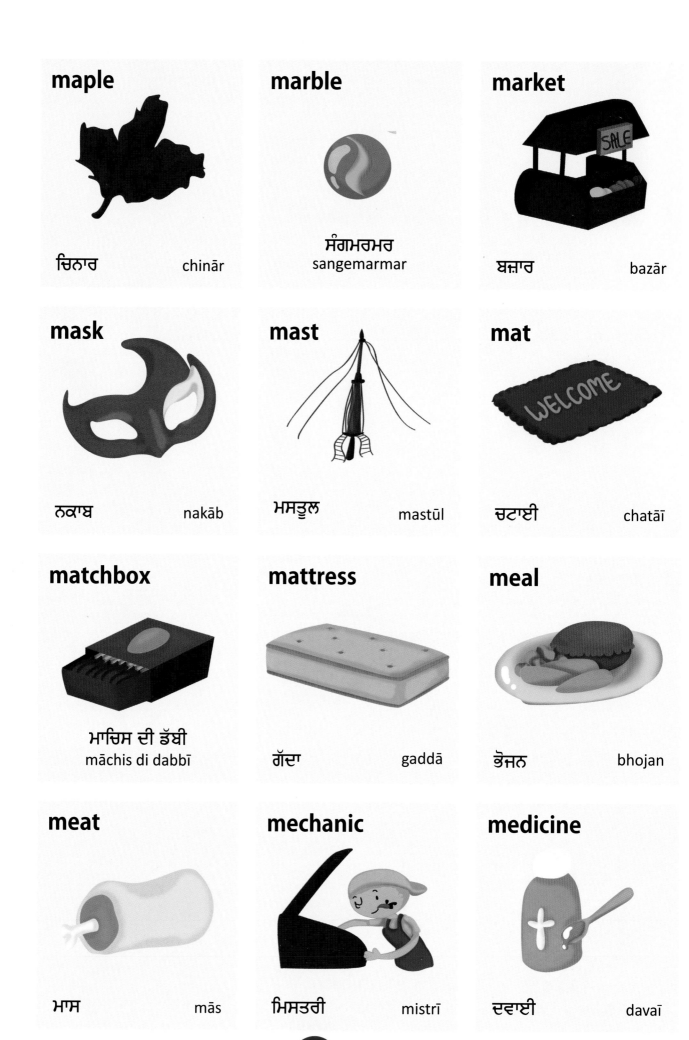

maple

ਚਿਨਾਰ   chinār

marble

ਸੰਗਮਰਮਰ
sangemarmar

market

ਬਜ਼ਾਰ   bazār

mask

ਨਕਾਬ   nakāb

mast

ਮਸਤੂਲ   mastūl

mat

ਚਟਾਈ   chatāī

matchbox

ਮਾਚਿਸ ਦੀ ਡੱਬੀ
māchis di dabbī

mattress

ਗੱਦਾ   gaddā

meal

ਭੋਜਨ   bhojan

meat

ਮਾਸ   mās

mechanic

ਮਿਸਤਰੀ   mistrī

medicine

ਦਵਾਈ   davaī

melon

ਖਰਬੂਜ਼ਾ kharbujā

merchant

ਵਪਾਰੀ vapārī

mermaid

ਜਲਪਰੀ jalparī

metal

ਧਾਤੂ dhātū

metre
US English **meter**

ਮੀਟਰ mītar

microphone

ਮਾਈਕਰੋਫੋਨ
maikrophone

microwave

ਮਾਈਕਰੋਵੇਵ maikrovev

mile

ਮੀਲ mīl

milk

ਦੁੱਧ dudh

miner

ਖਾਨ ਮਜ਼ਦੂਰ
khān mazdūr

mineral

ਖਣਿਜ ਪਦਾਰਥ
khanij padārth

mint

ਪੁਦੀਨਾ pudīna

minute

ਮਿੰਟ minat

mirror

ਸ਼ੀਸ਼ਾ shīsha

mobile phone

ਮੋਬਾਇਲ ਫੋਨ
mobile phone

model

ਮਾਡਲ mādal

mole

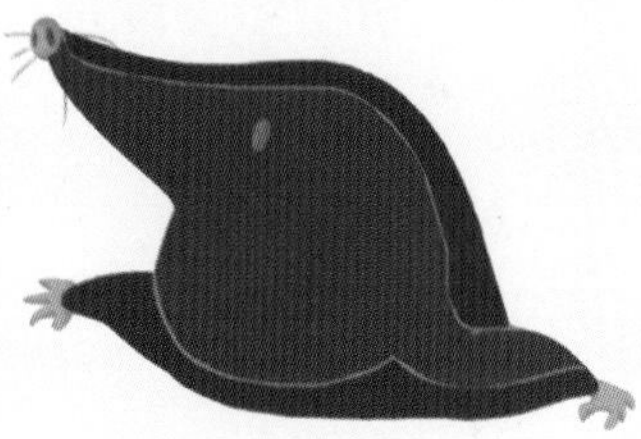

ਛਛੂੰਦਰ chhachhundar

money

ਧਨ dhann

monk

ਸੰਨਿਆਸੀ sanyāsī

monkey

ਬਾਂਦਰ bāndar

monster

ਰਾਖਸ਼ rākhas

month

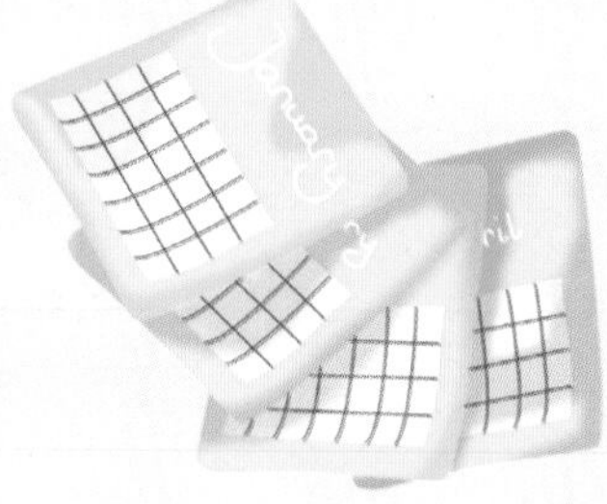

ਮਹੀਨਾ mahīnā

monument

ਸਮਾਰਕ samārak

moon

ਚੰਦਰਮਾ chandarmā

mop

ਪੋਚਾ   pochā

morning

ਸਵੇਰ   saver

mosquito

ਮੱਛਰ   machhar

moth

ਪਤੰਗਾ   patangā

mother

ਮਾਂ   mā

motorcycle

ਮੋਟਰਸਾਈਕਲ
motorsaikal

motorway
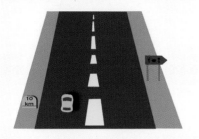
ਮੋਟਰ ਮਾਰਗ
motormārag

mountain

ਪਰਬਤ   parbat

mouse

ਚੂਹਾ   chuhā

mousetrap

ਚੂਹਾਦਾਨੀ
chuhādānī

moustache

ਮੁੱਛ   muchh

mouth

ਮੂੰਹ   munh

mud

ਮਿੱਟੀ   mittī

muffin

ਕੇਕ   kek

mug

ਪਿਆਲਾ   piālā

mule

ਖੱਚਰ   khachar

muscle

ਪੱਠਾ   patthā

museum

ਅਜਾਇਬਘਰ   ajaibghar

mushroom
ਖੁੰਭ   khumb

music
ਸੰਗੀਤ   sangīt

musician
ਸੰਗੀਤਕਾਰ   sangītkār

Nn

nail

ਕਿੱਲ   kil

napkin

ਰੁਮਾਲ   rumāl

nappy
US English **diaper**

ਬੱਚਿਆਂ ਦਾ ਲੰਗੋਟ
bachian da langot

nature

ਕੁਦਰਤ   kudarat

neck

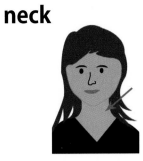

ਗਰਦਨ   gardan

necklace

ਹਾਰ   hār

necktie

ਟਾਈ   tāī

needle

ਸੂਈ   sūī

neighbour
US English **neighbor**

ਗਵਾਂਢੀ   gwāndī

nest

ਆਲ੍ਹਣਾ   ālnhā

net

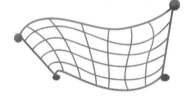

ਜਾਲੀ   jālī

newspaper

ਅਕਬਾਰ   akhbār

night

ਰਾਤ   rāt

nine

ਨੌਂ   nau

a b c d e f g h i j J k l m **n** o p q r s t u v w x y z

noodles

ਸੇਵਿਆਂ   sewiān

noon

ਦੁਪਹਿਰ   dupehar

north

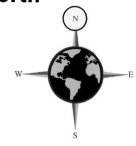

ਉੱਤਰ   uttar

nose

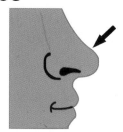

ਨੱਕ   nakk

note

ਟਿੱਪਣੀ   tippanī

notebook

ਕਾਪੀ   kāpī

notice

ਸੂਚਨਾ   sūchanā

number

ਅੰਕ   ank

nun

ਸੰਨਿਆਸਨੀ   sanyāsinī

nurse

ਨਰਸ   naras

nursery

ਬਾਲਵਾੜੀ   bāl-varī

nut

ਗਿਰੀ   girī

Oo

oar

ਚੱਪੂ — chappū

observatory

ਪ੍ਰਯੋਗਸ਼ਾਲਾ — paryogshālā

ocean
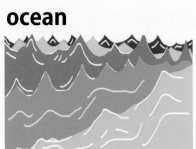
ਸਮੁੰਦਰ — samundar

octopus

ਇਕ ਸਮੁੰਦਰੀ ਜੀਵ — ik samundrī jīv

office

ਦਫ਼ਤਰ — daftar

oil

ਤੇਲ — tel

olive

ਜੈਤੂਨ — jaitūn

omelette
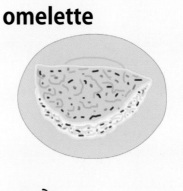
ਆਮਲੇਟ — āmlet

one

ਇਕ — ikk

onion

ਪਿਆਜ — piyāj

orange

ਸੰਤਰਾ — santarā

63

a b c d e f g h i j k l m n o p q r s t u v w x y z

orbit

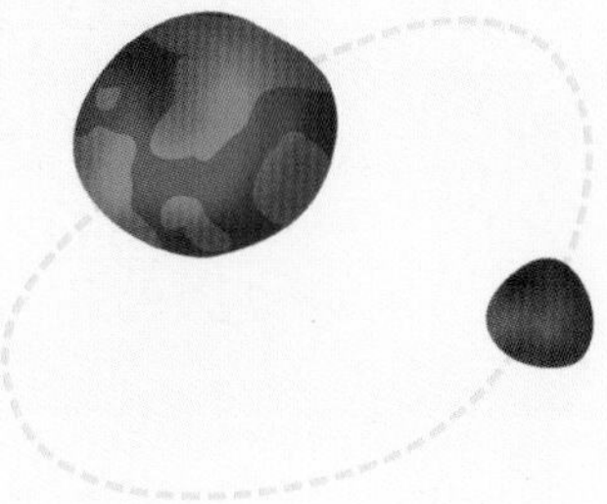

ਗ੍ਰਹਿ greh

orchard

ਬਾਗ bāg

orchestra

ਵਾਦਕ ਦਲ vādak dal

ostrich

ਸ਼ਤੁਰ-ਮੁਰਗ
shutar murag

otter

ਊਦ-ਬਿਲਾਵ ūd bilāv

oval

ਅੰਡਾਕਾਰ andākār

oven

ਤੰਦੂਰ tandūr

owl

ਉੱਲੂ ullu

ox

ਬਲਦ balad

Pp

packet

ਪੁਲੰਦਾ pulandā

page

ਪੰਨਾ pannā

pain
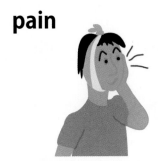
ਦਰਦ　　darad

paint

ਰੰਗ　　rangg

painting

ਚਿੱਤਰਕਾਰੀ　　chitarkalā

pair

ਜੋੜਾ　　jorā

palace

ਮਹੱਲ　　mahal

palm

ਹਥੇਲੀ　　hathelī

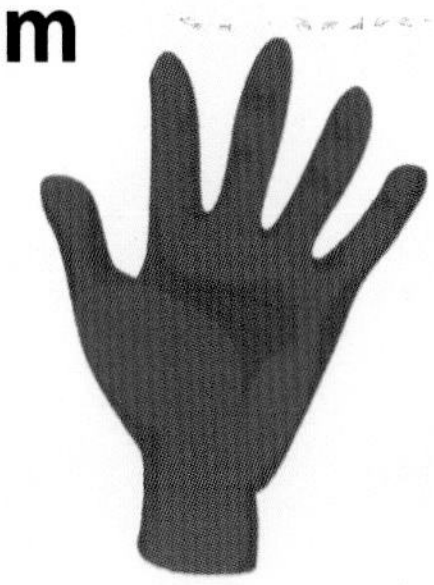

pan
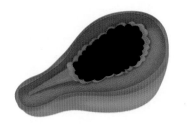
ਕੜਾਹੀ　　karāhī

pancake

ਚਪਟਾ ਗੋਲ ਕੇਕ
chaptā gol cake

panda

ਪਾਂਡਾ ਭਾਲੂ　　pandā bhālu

papaya

ਪਪੀਤਾ　　papītā

paper

ਕਾਗਜ਼　　kāgaz

parachute
ਹਵਾਈ ਛਤਰੀ
havaī chhatrī

abcdefghijklmnopqrstuvwxyz

parcel

ਪੁਲੰਦਾ   pulandā

park
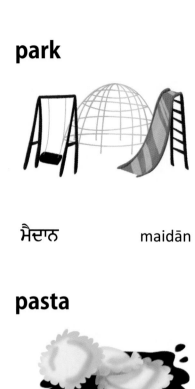
ਮੈਦਾਨ   maidān

parrot

ਤੋਤਾ   totā

passenger

ਯਾਤਰੀ   yātrī

pasta

ਪਾਸਤਾ   pāstā

pastry

ਪੇਸਟਰੀ   pestrī

pavement

ਪਟਰੀ   patrī

paw
ਪੰਜਾ   panjā

pea
ਮਟਰ   matar

peach

ਆੜੂ   ārū

peacock
ਮੋਰ   mor

peak
ਚੋਟੀ   chotī

peanut

ਮੂੰਗਫਲੀ mungfalī

pear

ਨਾਸ਼ਪਾਤੀ nāshpatī

pearl

ਮੋਤੀ motī

pedal

ਪੈਡਲ paiddal

pelican

ਹਵਾਸੀਲ havāseal

pen

ਕਲਮ kalam

pencil

ਪੈਨਸਿਲ pensil

penguin

ਪੈਨਗੁਇਨ painguin

pepper

ਮਿਰਚ mirch

perfume

ਇੱਤਰ ittar

pet

ਪਾਲਤੂ ਪਸ਼ੂ
paltū pashū

pharmacy

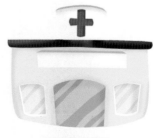

ਦਵਾਖਾਨਾ
davā-khānā

a b c d e f g h i j k l m n o p q r s t u v w x y z

photograph

ਫੋਟੋ photo

piano

ਪਿਆਨੋ piāno

picture

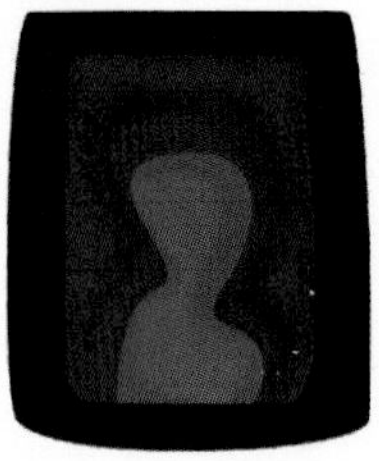

ਤਸਵੀਰ tasvīr

pie

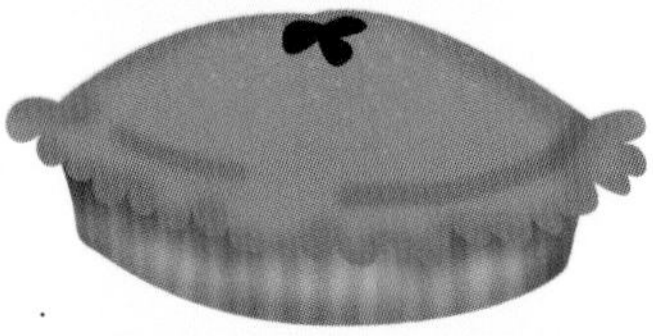

ਕਚੋਰੀ kachorī

pig

ਸੂਰ sūr

pigeon

ਕਬੂਤਰ kabūtar

pillar

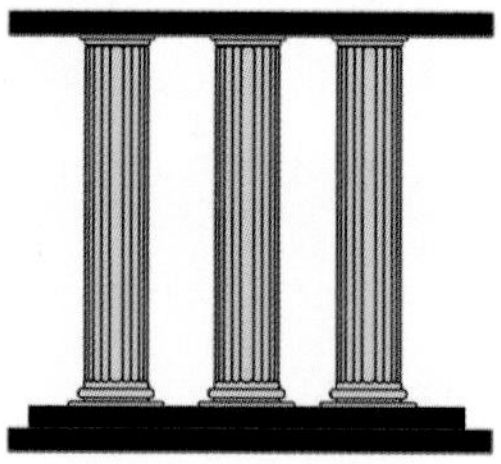

ਖੰਬਾ khambā

pillow

ਸਿਰਹਾਣਾ sirhānā

pilot

ਪਾਇਲਟ pilot

pineapple

ਅਨਾਨਾਸ annānās

pink

ਗੁਲਾਬੀ gulābī

pipe

ਪਾਈਪ paip

pizza

ਪੀਜ਼ਾ   pīzā

planet

ਗ੍ਰਹਿ   greh

plant

ਪੌਦਾ   paudā

plate

ਪਲੇਟ   plate

platform

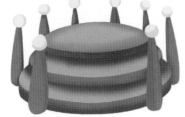

ਪਲੇਟਫਾਰਮ   paletfārm

platypus

ਚੁੰਜ   chunj

player

ਖਿਲਾੜੀ   khilārī

plum

ਅਲੂਚਾ   allūcha

plumber

ਨਲਕਾ ਮਿਸਤਰੀ
nalkā mistrī

plywood

ਪਰਤਦਾਰ ਲੱਕੜ
paratdār lakkar

pocket

ਜੇਬ   jeb

poet

ਕਵੀ   kavī

a b c d e f g h i j k l m n o p q r s t u v w x y z

polar bear

ਬਰਫੀਲਾ ਰਿੱਛ
barfila richh

police

ਪੁਲਿਸ pulis

pollution

ਪ੍ਰਦੂਸ਼ਣ pardūshan

pomegranate

ਅਨਾਰ anār

pond

ਤਲਾਬ talāb

porcupine

ਸੇਹੀ ਮੱਛਲੀ
sehi-macchlī

port

ਬੰਦਰਗਾਹ bandargāh

porter

ਕੁਲੀ kulī

postcard

ਪੋਸਟਕਾਰਡ postcard

postman

ਡਾਕੀਆ dākiā

post office

ਡਾਕਘਰ dāk-ghar

pot

ਗਮਲਾ gamlā

potato

ਆਲੂ ālū

powder

ਪਾਊਡਰ paudar

prawn

ਝੀਂਗਾ ਮੱਛੀ
jhīngā machhī

priest

ਪਾਦਰੀ pādrī

prince

ਰਾਜਕੁਮਾਰ rājkumar

prison

ਜੇਲ jail

pudding

ਪਕਵਾਨ pakvān

pump

ਪੰਪ pump

pumpkin

ਕੱਦੂ kaddū

puppet

ਕਠਪੁਤਲੀ kathputlī

puppy

ਕਤੂਰਾ katūrā

purse

ਬਟੂਆ batuā

a b c d e f g h i j k l m n o p q r s t u v w x y z

Qq

quail

ਬਟੇਰ bater

quarry

ਖਾਣ khān

queen

ਰਾਣੀ rānī

queue

ਕਤਾਰ katār

quiver

ਤਰਕਸ਼ tarkash

Rr

rabbit

ਖਰਗੋਸ਼ khargosh

rack

ਰੈਕ raik

racket

ਰੈਕੇਟ raikat

radio

ਰੇਡੀਓ redio

radish

ਮੂਲੀ mūlī

raft

ਬੇੜਾ   berhā

rain

ਬਾਰਿਸ਼   bārish

rainbow

ਇੰਦਰ ਧਨੁਸ਼

inder dhanush

raisin

ਕਿਸ਼ਮਿਸ਼   kishmish

ramp

ਢਾਲ   dhāl

raspberry

ਰਸਭਰੀ   rasbharī

rat

ਚੂਹਾ   chūhā

razor

ਉਸਤਰਾ   ustrā

receipt

ਰਸੀਦ   rasīd

rectangle

ਆਇਤ   āyat

red

ਲਾਲ   lāl

restaurant

ਰੇਸਤਰਾਂ   restrān

rhinoceros

ਗੈਂਡਾ gaindā

rib

ਪਸਲੀ paslī

ribbon

ਫੀਤਾ phītā

rice

ਚੌਲ chaul

ring

ਮੁੰਦਰੀ mundarī

river

ਦਰਿਆ daryā

road

ਸੜਕ sarak

robber

ਲੁਟੇਰਾ luterā

robe

ਚੋਗਾ chogā

robot

ਮਸ਼ੀਨੀ ਮਨੁੱਖ
mashinī manukh

rock

ਚੱਟਾਨ chattān

rocket

ਰਾਕਟ rākat

roller coaster

ਰੋਲਟ ਕੋਸਟਰ
rolar kostar

room

ਕਮਰਾ kamrā

root

ਜੜ੍ਹ jarh

rope

ਰੱਸੀ rassī

rose

ਗੁਲਾਬ gulāb

round

ਗੋਲ gol

rug

ਗਲੀਚਾ galīchā

rugby

ਰਗਬੀ (ਖ਼ੇਲ) ragbī (khel)

ruler

ਫੁਟਾ futtā

Ss

sack

ਬੋਰੀ borī

sail

ਬਾਦਬਾਨ bādabān

sailor

ਮੱਲਾਹ mallāh

salad

ਸਲਾਦ salād

salt

ਲੂਣ lūn

sand

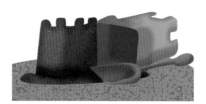

ਰੇਤ reit

sandwich

ਸੈਂਡਵਿੱਚ sandwich

satellite

ਉਪਗ੍ਰਹਿ upgrah

saucer

ਪਲੇਟ plate

sausage

ਲੰਗੂਚਾ langūchā

saw

ਆਰੀ ārī

scarf

ਓਡਨੀ orhnī

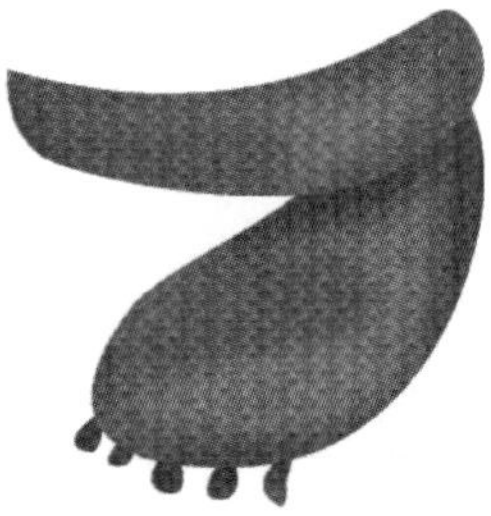

school

ਸਕੂਲ skūl

scissors

ਕੈਂਚੀ kainchī

scooter

ਸਕੂਟਰ   sakūtar

scorpion

ਬਿੱਛੂ   bichhū

screw

ਪੇਚ   pech

sea

ਸਮੁੰਦਰ   samundar

seal

ਸੀਲ ਮੱਛੀ
sīl machhī

seat

ਆਸਣ   āsan

see-saw

ਪੀਲ ਪਲਾਂਘਾ
pīl palānghā

seven

ਸੱਤ   satt

shadow

ਪਰਛਾਈ   parchhaīn

shampoo

ਸ਼ੈਂਪੂ   shampū

shark

ਸ਼ਾਰਕ ਮੱਛੀ
shārk machhī

sheep

ਭੇਡ   bhed

a b c d e f g h i j k l m n o p q r **s** t u v w x y z

shelf

ਟਾਂਡ tānd

shell

ਘੋਗਾ ghogā

shelter

ਆਸਰਾ āsrā

ship

ਪਾਣੀ ਵਾਲਾ ਜਹਾਜ਼
pānī vālā jahāj

shirt

ਕਮੀਜ਼ kamīz

shoe

ਜੁੱਤੀ juttī

shorts

ਨਿੱਕਰ nikkar

shoulder

ਮੋਢਾ moddhā

shower

ਵਾਛੜ vācchhar

shutter

ਬੰਦ ਕਰਨ ਵਾਲਾ
band karan vālā

shuttlecock

ਚਿੜੀ chirī

signal

ਸੰਕੇਤ sanket

silver

ਚਾਂਦੀ chāndī

sink

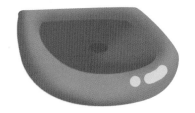

ਬੇਸਿਨ besin

sister

ਭੈਣ bhain

six

ਛੇ chhe

skate

ਬਰਫ਼ 'ਤੇ ਦੌੜਨ ਵਾਲੇ ਬੂਟ
baraf te dauran wale būt

skeleton

ਪਿੰਜਰ pinjar

ski

ਬਰਫ਼ ਦੀ ਖੇਡ
baraf di khed

skin

ਚਮੜੀ chamrī

skirt

ਘਗਰਾ ghagrā

skull

ਖੋਪੜੀ khoprī

sky

ਅਸਮਾਨ āsmān

skyscraper

ਗਗਨਚੁੰਬੀ ਇਮਾਰਤ
gaganchumbī imārat

slide

ਫਿਸਲਨ (ਝੂਲਾ)
phisalan (jhūlā)

slipper

ਚੱਪਲ   chappal

smoke

ਧੂੰਆਂ   dhuān

snail

ਘੋਗਾ   ghoggā

snake

ਸੱਪ   sapp

snow

ਅਸਮਾਨੀ ਬਰਫ਼
asmānī baraf

soap

ਸਾਬਣ   sāban

sock

ਜੁਰਾਬ   jurāb

sofa

ਸੋਫਾ   sophā

soil

ਮਿੱਟੀ   mittī

soldier

ਸੈਨਿਕ   sainik

soup

ਸ਼ੋਰਬਾ   shorbā

space
ਪੁਲਾੜ pulār

spaghetti
ਸਪੈਗੇਟੀ sapaigettī

sphere
ਗੋਲਾ golā

spider
ਮਕੜੀ makrī

spinach
ਪਾਲਕ pālak

sponge
ਸਪੰਜ sapanj

spoon
ਚਮਚ chammach

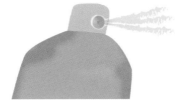

spray
ਛਿੜਕਾਵ chhirkāv

spring
ਬਸੰਤ basant

square
ਵਰਗਾਕਾਰ vargākār

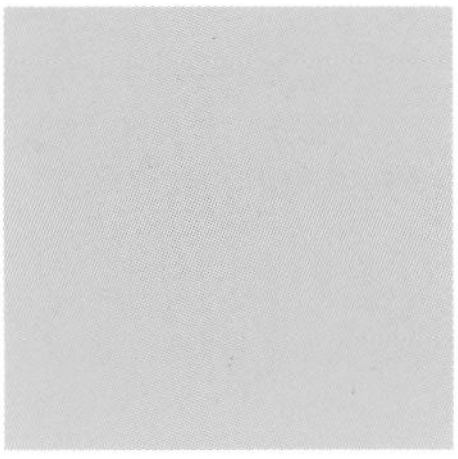

squirrel
ਗਾਲ੍ਹੜ gālarh

stadium
ਖੇਡ ਮੈਦਾਨ khed medain

stairs

ਪੌੜੀ pauṛī

stamp

ਡਾਕ ਟਿਕਟ dāk tikat

star

ਤਾਰਾ tārā

station

ਬਸ ਅੱਡਾ bus addā

statue

ਮੂਰਤੀ mūrtī

stethoscope

ਪਿੰਡਦਰਸ਼ੀ pindarshī

stomach

ਢਿੱਡ dhid

stone

ਪੱਥਰ patthar

storm

ਤੂਫਾਨ tufān

straw

ਪਾਈਪ (ਪੀਣ ਲਈ)
paep (pīn lai)

strawberry

ਹਿਸਾਲੂ hissālū

street

ਗਲੀ galī

student

ਵਿਦਿਆਰਥੀ
vidyarthī

submarine

ਪਣਡੁਬੀ pandubbī

subway

ਭੂਮੀਗਤ ਮਾਰਗ
bhūmigat mārg

sugar

ਖਮਡ khānd

sugarcane

ਗੰਨਾ gannā

summer

ਗਰਮੀ ਦੀ ਰੁੱਤ
garmī di rutt

sun

ਸੂਰਜ sūraj

supermarket

ਸੁਪਰ ਬਜ਼ਾਰ
super bazār

swan

ਰਾਜਹੰਸ rājhans

sweet

ਮਿੱਠਾ mitthā

swimming pool

ਤੈਰਾਕੀ ਦਾ ਤਲਾਬ
terākī da talāb

swimsuit

ਤੈਰਾਕੀ ਦਾ ਪਹਿਨਾਵਾ
terakī da pahnāwā

swing

ਝੂਲਾ   jhūlā

switch

ਸਵਿੱਚ   switch

syrup

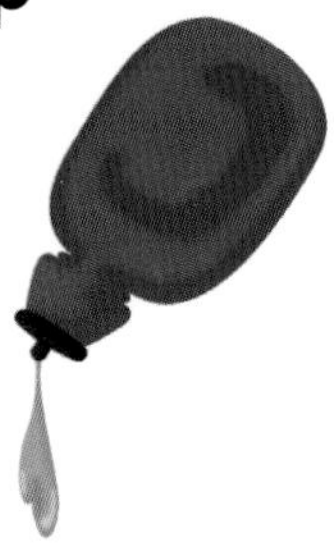

ਸ਼ਰਬਤ   sharbat

Tt

table

ਮੇਜ਼   mez

tall

ਲੰਬਾ   lambā

tank

ਟੈਂਕ   taink

taxi

ਟੈਕਸੀ   taiksī

tea

ਚਾਹ   chā

teacher

ਅਧਿਆਪਕ   adhyāpak

teeth

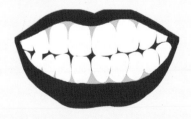

ਦੰਦ   dand

telephone

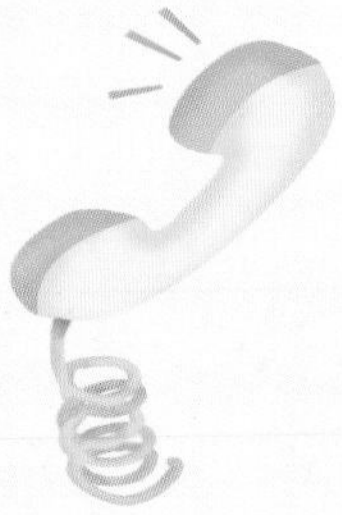

ਟੈਲੀਫ਼ੋਨ   telephon

television

ਟੈਲੀਵਿਜ਼ਨ   television

ten

ਦਸ   dass

tennis

ਟੈਨਿਸ   tennis

tent

ਤੰਬੂ   tambū

thief

ਚੋਰ   chor

thread

ਧਾਗਾ   dhāggā

three

ਤਿੰਨ   tinn

throat

ਸੰਘ   sangh

thumb

ਅੰਗੂਠਾ   angūthā

ticket

ਟਿਕਟ   tiket

tiger

ਸ਼ੇਰ   sher

toe

ਪੈਰ ਦਾ ਅੰਗੂਠਾ
peir da angūthā

a b c d e f g h i J k l m n o p q r s **t** u v w x y z

a b c d e f g h i j k l m n o p q r s t u v w x y z

tofu

ਸੋਇਆਬੀਨ ਦਾ ਪਨੀਰ
soyabīn da panīr

tomato

ਟਮਾਟਰ tamātar

tongue

ਜੀਭ jībh

tool

ਔਜ਼ਾਰ auzār

toothbrush

ਦੰਦਾਂ ਦਾ ਬੁਰਸ਼
dandā da brush

toothpaste

ਦੰਤ ਮੰਜਨ dantmanjan

tortoise

ਕੱਛੂਕੁੰਮਾ kachhukumā

towel

ਤੌਲੀਆ tauliyā

tower

ਬੁਰਜ burj

toy

ਖਿਡੌਣਾ khidaunā

tractor

ਟਰੈਕਟਰ trāktar

train

ਰੇਲਗੱਡੀ railgaddī

tree

ਦਰਖ਼ਤ   drakhat

triangle

ਤਿਕੋਨਾ   tikonā

tub

ਪਾਨੀ ਟੱਬ   pani tub

tunnel

ਸੁਰੰਗ   surang

turnip

ਸ਼ਲਗਮ   shalgam

tyre

US English **tire**

ਟਾਇਰ   tāyar

Uu

umbrella

ਛਤਰੀ   chhatrī

uncle

ਚਾਚਾ/ਮਾਮਾ
chāchā/māmā

uniform

ਵਰਦੀ   vardī

university

ਵਿਸ਼ਵਵਿਦਿਆਲਾ
vishva-vidhyālay

utensil

ਭਾਂਡੇ   bhānde

Vv

vacuum cleaner

ਗਲੀਚਾ ਸਾਫ਼ ਕਰਨ ਵਾਲਾ
galīchā sāf karan wālā

valley

ਘਾਟੀ ghātī

van

ਬੰਦ ਗੱਡੀ band gaddī

vase

ਫੁੱਲਦਾਨ phuldān

vault

ਤਿਜੋਰੀ tijorī

vegetable

ਸਬਜ਼ੀ sabjī

veil

ਘੁੰਡ ghund

vet

ਡੰਗਰ ਡਾਕਟਰ
dangar dāktar

village

ਪਿੰਡ pind

violet

ਬੈਂਗਣੀ bainganī

violin

ਵਾਇਲਿਨ vailin

volcano

ਜੁਆਲਾਮੁਖੀ
jvālāmukhī

volleyball

ਵਾਲੀਬਾਲ
volleyball

vulture

ਗਿੱਧ
giddh

Ww

waist

ਕਮਰ
kamar

waitress

ਸੇਵਿਕਾ
sevika

wall

ਕੰਧ
kandh

wallet

ਬਟੂਆ
batuā

walnut

ਅਖ਼ਰੋਟ
akhrot

wand

ਛੜੀ
chharī

wardrobe

ਅਲਮਾਰੀ
almārī

warehouse

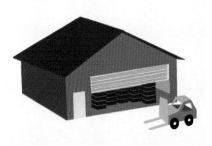

ਗੋਦਾਮ
godām

89

wasp

ਭੂੰਡ bhūnd

watch

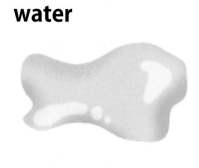

ਘੜੀ gharī

water

ਪਾਣੀ pānī

watermelon

ਤਰਬੂਜ਼ tarbūz

web

ਮੱਕੜੀ ਦਾ ਜਾਲਾ
makrī da jālā

whale

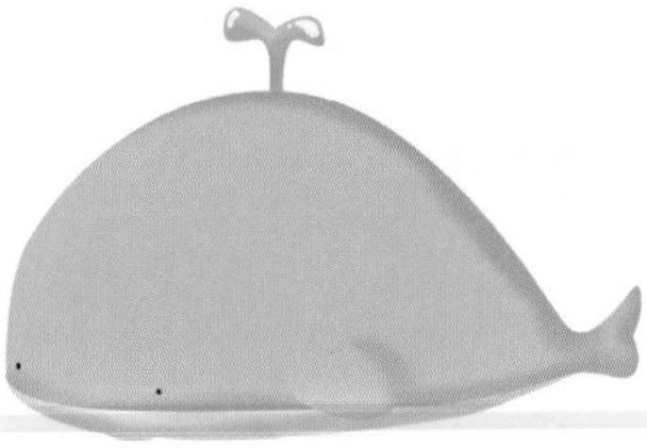

ਵੇਲ੍ਹ ਮੱਛੀ
whale macchī

wheat

ਕਣਕ kanak

wheel

ਪਹੀਆ pahiyā

whistle

ਸੀਟੀ sītī

white

ਸਫੇਦ safed

wife

ਪਤਨੀ patnī

window

ਖਿੜਕੀ khirkī

wing

ਖੰਭ khamb

winter

ਸਰਦੀ sardī

wizard

ਜਾਦੂਗਰ jādūgar

wolf

ਬਘਿਆੜ baghiār

woman

ਔਰਤ aurat

woodpecker

ਚੱਕੀਰਾਹਾ chakkirāh

wool

ਉੱਨ unn

workshop

ਕਾਰਖਾਨਾ kārkhanā

wrist

ਗੁੱਟ gutt

Xx

x-ray

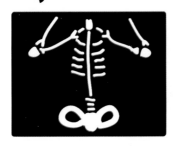

ਐਕਸ-ਰੇ aiks-rey

xylophone

ਜਲ ਤਰੰਗ ਵਰਗਾ ਵਾਜਾ
jaltarang vargā vājā

Yy

yacht

ਤੇਜ਼ ਕਿਸ਼ਤੀ — tez kishtī

yak

ਭੈਂਸਾ — bhainsā

yard

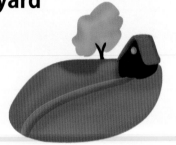

ਗਜ਼ — gazz

yellow

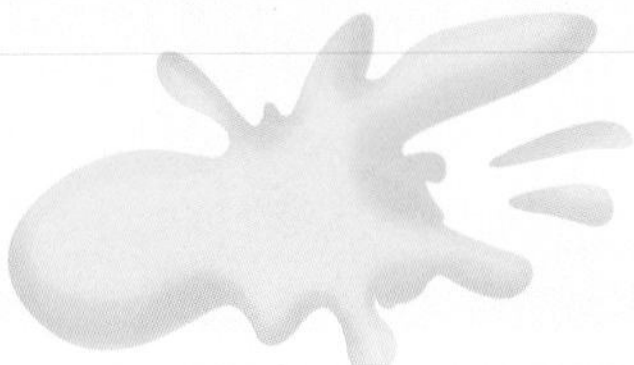

ਪੀਲਾ — pīlā

yoghurt

ਦਹੀ — dahī

Zz

zebra

ਜ਼ੈਬਰਾ — zaibrā

zero

ਸਿਫ਼ਰ — siffar

zip

ਜ਼ਿਪ — zip

zodiac

ਰਾਸ਼ੀ — rāshī

zoo

ਚਿੜੀਆਘਰ — chiriyāghar